Las figuras a tu alrededor

Figuras de tres dimensiones

Julia Wall

Créditos de publicación

Editor
Peter Pulido

Editora asistente
Katie Das

Directora editorial
Emily R. Smith, M.A.Ed.

Redactora gerente
Sharon Coan, M.S.Ed.

Directora creativa
Lee Aucoin

Editora comercial
Rachelle Cracchiolo, M.S.Ed.

Créditos de imágenes

La autora y el editor desean agradecer y dar crédito y reconocimiento a los siguientes por haber dado permiso para reproducir material con derecho de autor: portada, istockphotos; title, 123RF.com; p.4, 123RF.com; p.6, Getty Images; p.7 Big Stock Photos; p.8, 123RF.com; p.9 (fondo), Big Stock Photos; p.9 (superior), Shutterstock; p.10 (izquierda), Alice McBroom/Harcourt Education; p.10 (derecha), Shutterstock; p.11, Shutterstock; p.12 (izquierda), Photolibrary.com; p.12 (derecha), Big Stock Photos; p.13, IStock Photos; p.15, Big Stock Photos; p.16, Big Stock Photos; p.17 (izquierda), Big Stock Photos, p.17 (derecha), Big Stock Photos, p.18 (superior), Photos.com, p.18 (fondo), Shutterstock; p.19, Images of France / Alamy; p.20 (superior), 123RF.com; p.20 (fondo), 123RF.com; p.21, NASA; p.22 (izquierda), Theodore Kobran/Township of Union; p.22 (derecha), Gari Wyn Williams/Alamy; p.23 (fondo), Istock Photo; p.23 (superior izquierdo), Photos.com, p.23 (centro), Shutterstock; p.23 (derecha), Maximilian Weinzierl/Alamy; p.24 (superior & fondo izquierdo), Big Stock Photos; p.24 (fondo derecho), Shutterstock; p.25, Istock Photos; p.26 (superior), Istock Photos; p.26 (fondo & derecha), Shutterstock; p.27 (superior), Getty Images; p.27 (fondo), Istock Photos; p.29, Big Stock Photos

Aunque se ha tomado mucho cuidado en identificar y reconocer el derecho de autor, los editores se disculpan por cualquier apropiación indebida cuando no se haya podido identificar el derecho de autor. Estarían dispuestos a llegar a un acuerdo aceptable con el propietario correcto en cada caso.

Teacher Created Materials

5301 Oceanus Drive
Huntington Beach, CA 92649-1030
http://www.tcmpub.com
ISBN 978-1-4333-0501-6
© 2009 Teacher Created Materials

Contenido

Mirar las figuras

Mira esta ciudad. ¿Cuántas figuras diferentes puedes ver? Todas las figuras que puedes ver son tridimensionales, de tres **dimensiones**.

¿Qué es una figura de tres dimensiones?

Una figura de tres dimensiones es una figura sólida que tiene 3 **dimensiones**. Las dimensiones son largo, ancho y alto. Los cubos, prismas, conos y cilindros son ejemplos de figuras de tres dimensiones.

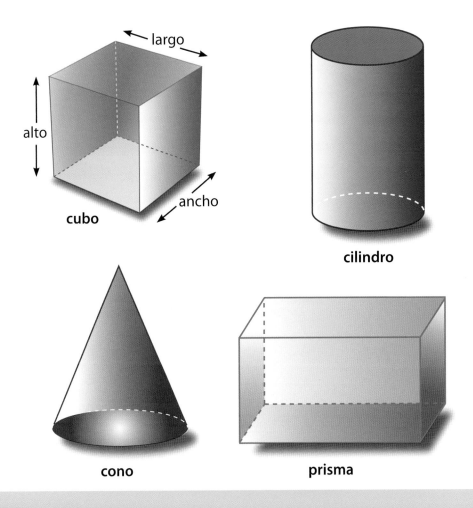

largo

alto

ancho

cubo

cilindro

cono

prisma

Contar cubos

Seguramente ves figuras de cubos todos los días. Puedes tener un juguete en forma de cubo. Puedes almacenar tus juguetes en un cubo. ¡Hasta algunos alimentos pueden tener forma de cubo!

Los cubos tienen **caras**. Todas las caras son exactamente iguales. Cada cara es un cuadrado. Los bordes de un cubo son los puntos donde se juntan 2 lados. Las esquinas son los lugares donde se juntan 3 bordes.

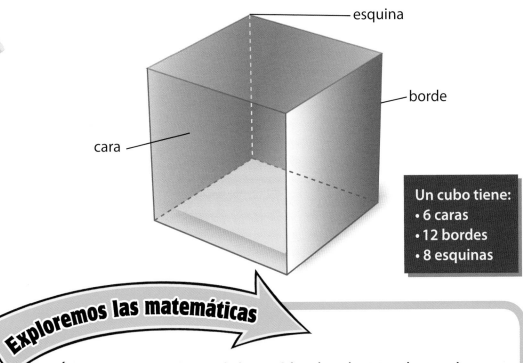

esquina

borde

cara

Un cubo tiene:
• 6 caras
• 12 bordes
• 8 esquinas

Exploremos las matemáticas

Éste es un cubo de Rubik. Está hecho de 27 cubos más pequeños. Tiene tres capas con 9 cubos en cada cara.

a. ¿Cuántos cubos más pequeños puedes ver en la figura?

b. ¿Cuántos cubos más pequeños están escondidos?

¡Récord!

Un hombre llamado Toby Mao resolvió el cubo de Rubik en 10.48 segundos. ¡Ése es un récord mundial!

La gente usa los cubos para construir. Cuando se juntan muchos cubos, se convierten en edificios sólidos. Los edificios de apartamentos y de oficinas con frecuencia se construyen con figuras de cubos.

Esta oficina en Ontario, Canadá, está hecha con muchas figuras de cubos.

¿Alguna vez has tirado un dado? Los cubos son buena forma para los dados. Los dados caen bien porque sus caras son del mismo tamaño.

Exploremos las matemáticas

Si hacemos cortes a lo largo de los bordes de un cubo y lo aplanamos, se vería así:

a. ¿Cuántos lados hay?

b. ¿Qué forma tiene uno de los lados?

c. ¿Puedes dibujar una planilla diferente que forme un cubo?

Empacar y almacenar

Las cajas para empacar a menudo tienen forma de cubos porque son fáciles de apilar una sobre la otra.

Todo sobre los prismas

El prisma es una figura de tres dimensiones con 2 lados paralelos. El nombre del prisma viene con frecuencia de su forma. Éste es un prisma rectangular. Está hecho de rectángulos.

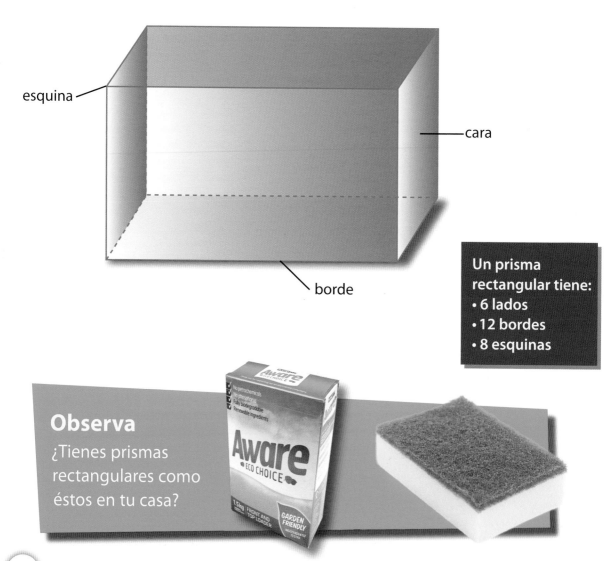

esquina

cara

borde

Un prisma rectangular tiene:
- 6 lados
- 12 bordes
- 8 esquinas

Observa
¿Tienes prismas rectangulares como éstos en tu casa?

Hay muchos prismas rectangulares en nuestras casas. Observa la forma de esta cama. Observa la forma de los cajones.

Los cubos también son prismas

Los cubos son prismas rectangulares especiales. Todos los lados de un cubo son iguales en longitud.

Éste es un prisma triangular. Está hecho con 2 triángulos y 3 rectángulos.

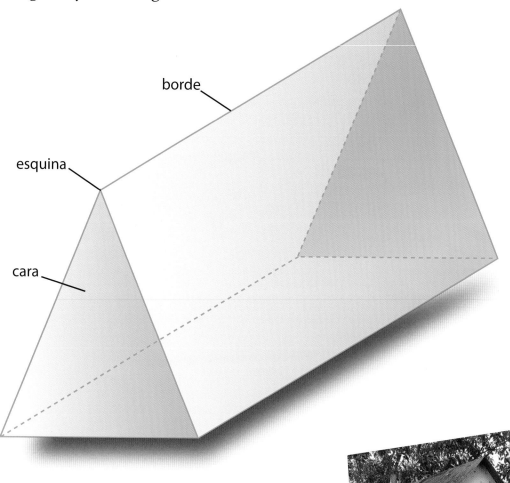

borde

esquina

cara

Observa
¿Puedes encontrar los prismas triangulares en estos objetos?

Éste es un prisma hexagonal. Está hecho de 2 hexágonos y 6 rectángulos. Cuenta el número de lados, bordes y esquinas. Verifica tus respuestas a continuación.

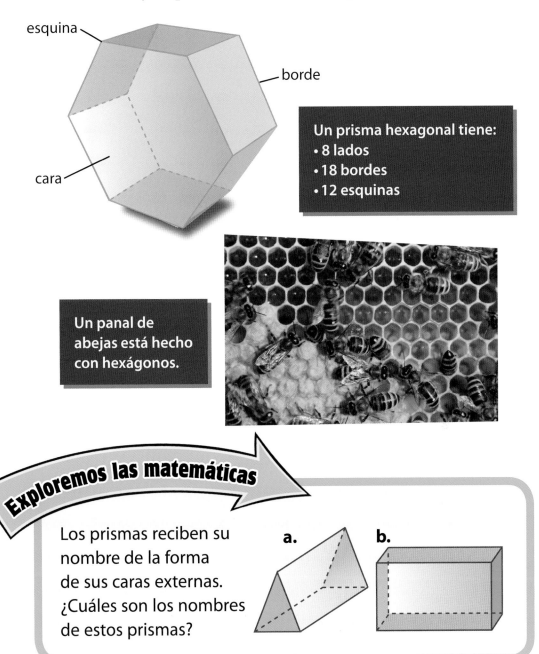

esquina

borde

cara

Un prisma hexagonal tiene:
- **8 lados**
- **18 bordes**
- **12 esquinas**

Un panal de abejas está hecho con hexágonos.

Exploremos las matemáticas

Los prismas reciben su nombre de la forma de sus caras externas. ¿Cuáles son los nombres de estos prismas?

a.

b.

El vértice de las pirámides

La pirámide tiene algunos lados en forma de triángulo como parte de su figura. Esta pirámide tiene 4 caras triangulares y 1 **base** rectangular. Cuenta los bordes y esquinas. Verifica tus respuestas a continuación.

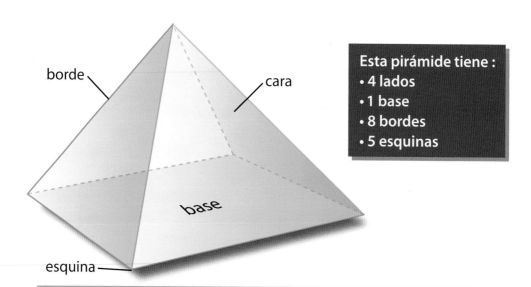

borde

cara

base

esquina

Esta pirámide tiene :
- 4 lados
- 1 base
- 8 bordes
- 5 esquinas

Tiendas en forma de pirámide

Algunas veces, las tiendas de campaña se hacen en forma de pirámide porque esta forma puede mantenerse en pie durante el mal tiempo. La **base** de la pirámide te da mucho espacio para dormir, y el agua de la lluvia corre por los lados inclinados.

Los lados triangulares de una pirámide siempre se juntan en un **vértice**, ¿Qué figuras diferentes puedes ver en esta pirámide?

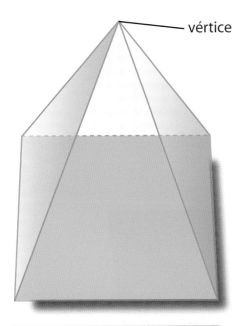

vértice

Las pirámides de Egipto tienen más de 3,000 años de antigüedad.

Esta pirámide está hecha de 4 triángulos y 1 cuadrado.

Exploremos las matemáticas

Hemos hecho cortes a lo largo de los bordes de 2 figuras de tres dimensiones y las hemos aplanado.

1. 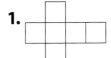   2.

a. ¿Cuál es una pirámide?

b. ¿Cuál es un cubo?

Observación de los conos

La próxima vez que comas un helado, observa su forma. La parte que sostienes con la mano es un cono. Un cono es una figura **común** de tres dimensiones.

Un cono tiene una cara y un lado **curvo**. Es fácil sostenerlo. ¿Qué forma tiene la cara?

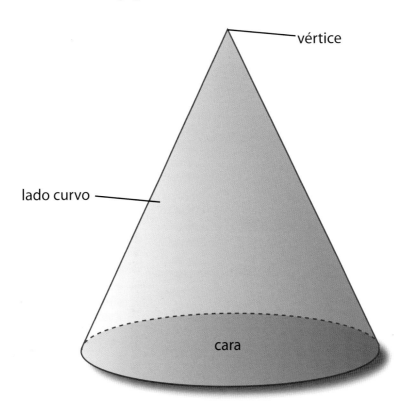

vértice

lado curvo

cara

Observa
Hay muchos conos en el mundo a nuestro alrededor.

Un cilindro es una figura de tres dimensiones. Tiene 2 caras paralelas. Tiene 1 lado curvo.

cara

lado curvo

cara

Tamaños de cilindros

Con frecuencia los cilindros se usan para almacenar **líquidos**. Pueden ser fáciles de llevar, como una lata de refresco. O pueden ser grandes para llevar cosas como combustible.

¿Qué figura hay en las partes superior e inferior de este cilindro? Verifica tu respuesta a continuación.

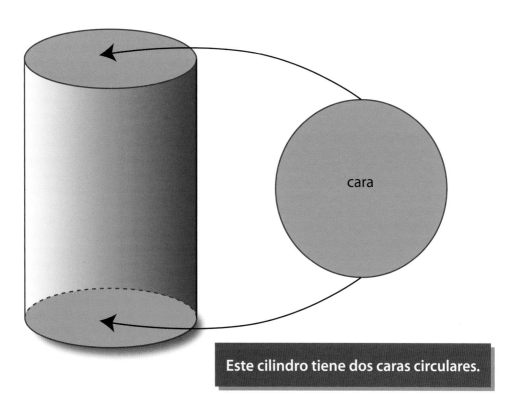

cara

Este cilindro tiene dos caras circulares.

Observa

¿Puedes encontrar las formas de cilindro en los estantes del supermercado?

Las latas de comida están hechas de acero. El acero es calentado y enrollado hasta que se adelgaza. Luego, se le da al acero forma de cilindro.

Los deportes en tres dimensiones

Cada vez que arrojas una pelota, ¡estás jugando con una figura de tres dimensiones! Una pelota, o esfera, es un círculo de tres dimensiones. No tiene esquinas ni bordes.

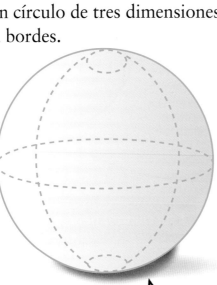

Exploremos las matemáticas

Observa esta pelota de fútbol.

a. ¿Qué forma de tres dimensiones tiene?

b. ¿Qué par de formas puedes ver en la pelota? *Pista*: Son formas de dos dimensiones.

Una esfera tiene **simetría** perfecta. Si trazas una línea en cualquier lugar por el centro, cada mitad es exactamente igual que la otra.

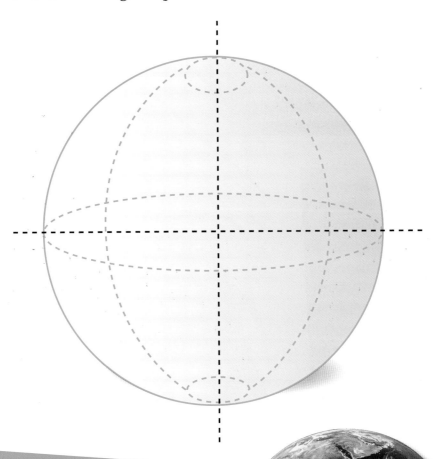

No redonda del todo

La Tierra es casi una esfera, pero está un poquito aplastada. La distancia alrededor de la Tierra desde la parte superior hasta la inferior es más corta que la de la parte central de la Tierra.

Los antiguos romanos hicieron pelotas que rebotaban, pelotas duras y pelotas suaves para sus juegos. Incluso jugaron con pelotas de piedra del tamaño de las bolas de boliche.

Los antiguos romanos practicaron juegos con pelotas.

Observa

¿Puedes ver la esfera en esta foto? Esta esfera de agua tiene 212 pies (65m) de alto y contiene 250,000 galones (946,353 L) de agua.

Encuentra las figuras de tres dimensiones

Puedes encontrar muchas figuras de tres dimensiones alrededor de tu casa. ¡Sólo tienes que empezar a buscarlas!

Exploremos las matemáticas

Une cada figura de tres dimensiones con el **objeto** correcto.

Todos estos objetos son figuras comunes de tres dimensiones. ¿Puedes unir los nombres de las figuras de tres dimensiones con las fotos siguientes?

Encuentra un cubo, una esfera, un cilindro y un prisma rectangular.

Las figuras de tres dimensiones están por todos lados

Las figuras de tres dimensiones están realmente por todos lados. Están en tu casa, en tu escuela y en tu ciudad.

Exploremos las matemáticas

Agrupa estas figuras de tres dimensiones en "Objetos que pueden rodar" y "Objetos que no pueden rodar."

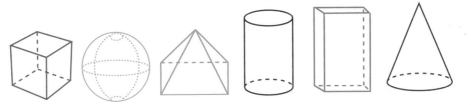

Cada figura tiene **propiedades** que la hacen útil para ciertas cosas.

Una pelota es fácil de rodar. Las cajas en formas de cubo son fáciles de apilar. Los conos son fáciles de sostener.

Las distintas propiedades de las figuras de tres dimensiones las hacen útiles para cosas diferentes.

Esta chef está usando un cono de decoración para hacer figuras con el betún.

Así que, cuando pateas una pelota o comes un pedazo de pastel de manzana, ¡estás usando una figura de tres dimensiones!

Hacer figuras

Jackson quiere dibujar un prisma octagonal. Para hacerlo, necesita saber cuántos bordes, caras, y esquinas hay. ¿Puedes descubrirlo?

¡Resuélvelo!

Paso 1: Observa los prismas. Luego dibuja esta tabla y llénala con información sobre cuántos caras, bordes y esquinas tiene cada figura de tres dimensiones. Se te dan algunas de las respuestas.

Prisma	Caras	Bordes	Esquinas
triangular	5	9	6
rectangular	6	12	8
pentagonal		15	
hexagonal	8		12
heptagonal		21	14
octagonal			

?

Paso 2: Busca el patrón para el número de caras. Continúa con el patrón para encontrar el número de caras en un prisma octagonal.

Paso 3: Busca el patrón para el número de bordes. Continúa con el patrón para encontrar el número de bordes en un prisma octagonal.

Paso 4: Busca el patrón para el número de esquinas. Continúa con el patrón para encontrar el número de esquinas en un prisma octagonal.

Paso 5: Dibuja un prisma octagonal.

Glosario

base—el lado de soporte de una figura de tres dimensiones

caras—las partes planas de un objeto de tres dimensiones

común—que sucede con frecuencia

curvo—redondeado; como una pelota

dimensiones—medidas de figuras; las figuras de tres dimensiones tienen alto, largo y ancho

líquidos—fluidos, como el agua

objetos—cosas que puedes ver y tocar

paralelo—dos caras que están a la misma distancia y nunca se cruzan

propiedades—características de un objeto que ayudan a describirlo

simetría—que tiene el mismo tamaño y forma a cada lado de una línea

vértice—el punto más alejado de la base de un objeto

Índice

Exploremos las Matemáticas

Página 7:

a. Puedes ver 19 cubos más pequeños.

b. 27 − 19 = 8 Hay ocho cubos más pequeños escondidos.

Página 9:

a. Hay 6 lados.

b. Cada lado es un cuadrado.

c. Otras planillas posibles:

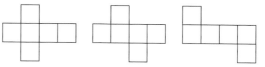

Página 13:

a. Prisma triangular **b.** Prisma rectangular

Página 15:

a. La figura 2 es una pirámide. **b.** La figura 1 es un cubo.

Página 20:

a. Una esfera **b.** Un hexágono y un pentágono

Página 23:

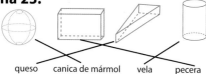

queso   canica de mármol   vela   pecera

Página 25:

Objetos que pueden rodar	Objetos que no pueden rodar

Actividad de resolución de problemas:

Prisma	Caras	Bordes	Esquinas
triangular	5	9	6
rectangular	6	12	8
pentagonal	7	15	10
hexagonal	8	18	12
heptagonal	9	21	14
octagonal	10	24	16

Un prisma octagonal tiene 10 caras; 24 bordes y 16 esquinas.